PETIT OFFICE

DE

SAINTE GENEVIÈVE

PETIT OFFICE

DE

SAINTE GENEVIÈVE

PATRONNE DE PARIS ET DE LA FRANCE

A L'USAGE

DES DAMES DE Ste-GENEVIÈVE

PARIS

IMPRIMERIE DE GUIRAUDET ET JOUAUST

338, RUE SAINT-HONORÉ

PETIT OFFICE

DE

SAINTE GENEVIÈVE

A MATINES.

Notre Père, qui êtes aux cieux, que votre nom soit sanctifié; que votre règne arrive; que votre volonté soit faite sur la terre comme au ciel. Donnez-nous aujourd'hui notre pain quotidien; pardonnez-nous nos offenses, comme nous pardonnons à ceux qui nous ont offensés; et ne nous laissez pas succomber à la tentation, mais délivrez-nous du mal. Ainsi soit-il.

OFFICIUM MATUTINUM.

Pater noster, qui es in cœlis, sanctificetur nomen tuum : adveniat regnum tuum, fiat voluntas tua sicut in cœlo et in terra. Panem nostrum quotidianum da nobis hodie : et dimitte nobis debita nostra, sicut et nos dimittimus debitoribus nostris : et ne nos inducas in tentationem, sed libera nos a malo.

Amen.

Je vous salue, Marie, pleine de grâce ; le Seigneur est avec vous ; vous êtes bénie entre toutes les femmes, et Jésus, le fruit de vos entrailles, est béni ;

Sainte Marie, mère de Dieu, priez pour nous, pauvres pécheurs, maintenant et à l'heure de notre mort. Ainsi soit-il.

Je crois en Dieu, le Père tout-puissant, créateur du ciel et de la terre ; et en

Ave, Maria, gratia plena, Dominus tecum : benedicta tu in mulieribus, et benedictus fructus ventris tui Jesus ;

Sancta Maria, mater Dei, ora pro nobis peccatoribus, nunc et in hora mortis nostræ.

Amen.

———

Credo in Deum, Patrem omnipotentem, Creatorem cœli et terræ : et in Je-

Jésus-Christ, son fils uni-
que, notre Seigneur ; qui a
été conçu du Saint-Esprit,
est né de la Vierge Marie, a
souffert sous Ponce-Pilate,
a été crucifié, est mort, a
été enseveli, est descendu
aux enfers, est ressuscité des
mort le troisième jour, est
monté aux cieux, et est assis
à la droite de Dieu le Père
tout-puissant, d'où il vien-
dra juger les vivants et les
morts. Je crois au Saint-
Esprit, la sainte Eglise ca-
tholique, la communion des

sum Christum, Filium ejus unicum, Dominum nostrum : qui conceptus est de Spiritu sancto, natus ex Maria Virgine, passus sub Pontio Pilato, crucifixus, mortuus et sepultus : descendit ad inferos : tertia die resurrexit a mortuis : ascendit ad cœlos, sedet ad dexteram Dei Patris omnipotentis , inde venturus est judicare vivos et mortuos.

Credo in Spiritum sanctum, sanctam Ecclesiam catholicam, Sanctorum com-

Saints, la rémission des péchés, la résurrection de la chair, la vie éternelle.

Ainsi soit-il.

———

Seigneur, vous ouvrirez mes lèvres.

℟ Et ma bouche annoncera vos louanges.

℣ O Dieu, venez à mon aide.

℟ Hâtez-vous, Seigneur, de me secourir.

Gloire au Père, au Fils et au Saint-Esprit, à présent

munionem, remissionem peccatorum, carnis resur-rectionem, vitam æternam. Amen.

Domine, labia mea ape-ries.

℟ Et os meum annuntia-bit laudem tuam.

℣ Deus, in adjutorium meum intende.

℟ Domine, ad adjuvan-dum me festina.

Gloria Patri, et Filio, et Spiritui sancto, sicut erat in

et toujours, comme dès le commencement, et dans tous les siècles. Ainsi soit-il. Louez-le.

De la Septuagésime à Pâques.

Louange à vous (Jésus), roi de l'éternelle gloire.

Ps. 94.

———

Hymne.

Quels chants de joie se font entendre dans ces lieux? C'est la patronne de la France qui prend naissance.

principio, et nunc, et semper, et in secula seculorum.
Amen. Alleluia.

De la Septuagésime à Pâques.

Laus tibi, Domine, rex
æternæ gloriæ.

Ps. 94.

———

Hymnus.

Quæ tanta cœlo gaudia
personant?
Patrona Franci nascitur Im-
peri;

Accourez tous, et joignez vos voix à celles des bienheureux pour chanter à l'envi ses louanges.

O heureuse épouse ! tandis que loin du tumulte du monde vous nourrissez votre âme de l'amour divin, ce **Dieu**, votre époux, vous nourrit à son tour d'éternelles délices.

Gloire au Père, gloire au Fils, gloire à vous, Esprit Saint, qui avez allumé dans

Adeste, cives, æmulosque
Cœlicolis sociate cantus.

O sponsa felix! dum strepitu procul
Mentem supernis pascis a-
    moribus,
Te sponsus æternis vicissim
Deliciis Deus ipse pascit.

Laus summa Patri, summa-
    que Filio;
Tibique compar gloria, Spi-
    ritus,

le cœur de Geneviève les pures flammes de la virginité.   Ainsi soit-il.

* * *

℣ Quel est le Dieu aussi grand que notre Dieu ?

℟ Vous êtes le Dieu qui opérez des merveilles.

℣ Seigneur, exaucez ma prière.

℟ Et que mes vœux s'élèvent jusqu'à vous.

* * *

Quo plena concepit medullis
Virgineas Genovefa flam-
mas.   Amen.

℣ Quis Deus magnus si-
cut Deus noster?

℟ Tu es Deus qui facis
mirabilia.

℣ Domine, exaudi ora-
tionem meam.

℟ Et clamor meus ad te
veniat.

Prions.

O Dieu qui avez conduit dès son enfance la bienheureuse Vierge Geneviève par les sentiers de la justice, et qui, pour les besoins de votre peuple, lui avez accordé la gloire des miracles, conduisez-nous dans les sentiers de vos commandements, afin que, par son intercession, pourvus des dons nécessaires à la vie temporelle, nous désirions de tout notre cœur les biens éternels.

Oremus.

Deus qui beatam Virginem Genovefam ab infantia deduxisti per vias rectas, et eam miraculorum gratia ad plebis tuæ præsidium decorasti, deduc nos in semitam mandatorum tuorum, ut auxiliis temporalibus, ipsa intercedente, non destituti, bona æterna toto corde concupiscamus.

Per

Par Notre S. J.-C., votre fils, qui, étant Dieu, vit et règne avec vous en l'unité du Saint-Esprit, dans tous les siècles des siècles.

℣ Seigneur, exaucez ma prière.

℟ Et que mes vœux s'élèvent jusqu'à vous.

℣ Bénissons le Seigneur.

℟ Rendons grâce à Dieu.

Si l'on récite séparément les heures, on doit dire à la fin de l'heure *Pater noster* ou *Notre Père*, et au commencement de celle que l'on va réciter, *Pater, Ave.*

Per Dominum nostrum Jesum Christum, filium tuum, qui tecum vivit et regnat in unitate Spiritus Sancti Deus, per omnia sæcula sæculorum. Amen.

℣ Domine, exaudi orationem meam.

℟ Et clamor meus ad te veniat.

℣ Benedicamus Domino.

℟ Deo gratias.

A LAUDES.

℣ O Dieu, venez à mon aide.

℟ Hâtez-vous, Seigneur, de me secourir.

Gloire au Père...

———

Hymne.

Le temple s'ouvre ; que Geneviève écoute favorablement les chants de fête de ses serviteurs, elle qui aimait

AD LAUDES.

℣ Deus, in adjutorium.

℟ Domine, ad adjuvan-
dum.

Gloria Patri...

Hymnus.

Templa panduntur; faciles
clientum
Audiat festos Genovefa cantus,

à passer en saintes veilles les nuits entières dans le temple.

Dure à elle-même, tandis qu'elle immole son corps à la pénitence, elle fournit des secours aux malades, des habits à ceux qui sont nus; elle retranche de son nécessaire pour accroître d'autant la moisson du pauvre.

Gloire soit au Père, au Fils engendré par le Père, et à vous, Esprit-Saint, l'é-

Quæ vigil templo solidas amabat
    Ducere noctes.

Molle dum mactat sibi dura corpus
Curat ægrotos ope, veste nudos,
Seque defraudat, seges un-
de major
    Crescat egenis.

Summa laus Patri, genito-
que Verbo,
Et tibi compar utriusque nexus,

gal et le lien de tous deux, qui par votre lumière victorieuse mettez en fuite les monstres enfants des ténèbres. Ainsi soit-il.

———

℣ Ils marcheront, Seigneur, à la lumière de votre face.

℟ Et votre nom les fera tressaillir d'allégresse.

℣ Seigneur, exaucez…

℟ Et que mes vœux…

———

Qui tuo, victor, sata nocte
monstra
    Lumine terres.
Amen.

———

℣ Domine, in lumine vul-
tus tui ambulabunt.

℟ Et in nomine tuo exul-
tabunt.

℣ Domine, exaudi…

℟ Et clamor meus…

———

Prions.

Répandez sur nous, Seigneur, le même esprit de lumière et d'amour dont vous avez rempli Geneviève, votre fidèle servante, afin qu'attentifs à l'imiter dans l'obéissance qui vous est due, nous vous soyons agréables par notre foi et nos bonnes œuvres ; par...

℣ Seigneur, exaucez...

℟ Et que mes vœux...

℣ Bénissons le Seigneur.

℟ Rendons grâce à Dieu.

Oremus.

Effunde super nos, Domine spiritum agnitionis et dilectionis tuæ, quo ancillam tuam Genovefam implevisti, ut sedula ejus imitatione tibi sincere obsequentes fide tibi et opere placeamus. Per Dominum.

℣ Domine, exaudi…

℟ Et clamor meus…

℣ Benedicamus Domino.

℟ Deo gratias.

A PRIME.

℣ O Dieu, venez à mon aide.

℟ Seigneur, hâtez-vous de me secourir.

Gloire au Père.

Hymne.

Geneviève, gardienne de la nation française, quelles vertus, quelle puissance vous ont été données! D'éclatants prodiges vous rendent illustre, même dès cette vie.

AD PRIMAM.

℣ Deus in adjutorium.

℟ Domine ad adjuvandum me festina.
Gloria Patri.

———

Hymnus.

Gallicæ custos, Genovefa,
  gentis,
Quæ tibi virtus data ! quæ
  potestas.
Signa te francis decorant
  morantem
    Splendida terris.

C'est pour vous que Clovis, brisant les statues de ses fausses divinités, élève des autels au Christ, et que, foulant aux pieds Jupiter, il soumet sa couronne au vrai Dieu.

Vous qui savez amollir et soumettre le cœur des rois, Seigneur, rendez-nous dociles à vos commandements, et transportez-nous, ô Dieu! dans les demeures éternelles où règne la bienheureuse Geneviève. Ainsi soit-il.

Subruit per te simulacra di-
    vum,
Ponit et Christo Clodovæus
    aras;
Jamque, calcato Jove, sub-
    dit alto
        Sceptra tonanti.

Corda qui mulces subigis-
    que regum,
O Deus! nostras tibi subde
    mentes;
Nos et æternas, ubi virgo
    regnat,
        Transfer ad arces.
Amen.

℣ C'est Dieu qui m'a revêtu de force.

℟ Et qui m'a fait marcher dans l'innocence.

℣ Seigneur, exaucez....

℟ Et que mes vœux...

Prions.

Répandez, Seigneur, dans l'âme de vos serviteurs cette joie sainte que la bienheureuse Geneviève a toujours cherchée et trouvée en vous seul, source de tous les

℣ Deus præcinxit me virtute.

℟ Et posuit immaculatam viam meam.

℣ Domine, exaudi...

℟ Et clamor meus...

———

Oremus.

Famulis tuis, Domine, salutarem lætitiæ sensum inspira, quem in te solo, bonorum omnium fonte, quæsitum semper et repertum diffundebat virgo Genovefa ;

biens, et qu'elle répandait dans les cœurs, afin que, vous prenant, comme elle, pour notre partage, nous mettions toutes nos délices dans cette nourriture, qui vient du Ciel.

Par Notre Seigneur...

℣ Seigneur, exaucez...
℟ Et que mes vœux...
℣ Bénissons le Seigneur.
℟ Rendons grâce à Dieu.

ut tibi pariter adhærentes,
superno cibo unice delecte-
mur.

Per Dominum..

℣ Domine, exaudi…
℟ Et clamor meus…
℣ Benedicamus Domino.
℟ Deo gratias.

A TIERCE.

℣ O Dieu, venez à mon aide.

℟ Seigneur, hâtez - vous de me secourir.

Gloire au Père.

Hymnus.

Esprits célestes, applaudissez celle dont la naissance avait fait votre joie. Geneviève entre aujourd'hui triomphante dans ce royaume destiné aux fidèles épouses du Christ.

AD TERTIAM.

℣ Deus, in adjutorium meum intende.

℟ Domine, ad adjuvandum me festina.

Gloria Patri...

Hymne.

Cœlo receptam plaudite,
    cœlites,
Quæ vestra nascens gaudia
    fecerat,
Sponsæ fideli destinatum
Intrat ovans Genovefa re-
    gnum.

Tandis que votre âme jouit du Dieu qu'elle a su conquérir, la terre garde vos restes vénérés ; vous ne nous quittez pas tout entière, la divine vertu attachée à vos cendres vous survit ici-bas.

Gloire infinie au Père, gloire infinie au Fils, gloire infinie au Saint-Esprit, qui fait triompher l'illustre Geneviève et la rend célèbre par une multitude de prodiges.

Ainsi soit-il.

Dum mens adepto perfrui-
   tur Deo,
Tellus verendas exuvias ha-
   bet :
Non tota discedis, superstes
Ossibus est cinerique virtus.

Laus summa Patri, summa-
   que Filio,
Tibique compar gloria, Spiritus,
Per quem triumphatrix re-
   fulget
Magnificis Genovefa signis.
      Amen.

℣ Tous mes os diront :

℟ Seigneur, qui est semblable à vous ?

℣ Seigneur, exaucez…

℟ Et que mes vœux…

———

Prions.

O Dieu ! qui avez fait éclater votre admirable puissance par les reliques de la bienheureuse vierge Geneviève, faites, nous vous en supplions, que ceux qui célèbrent avec joie sa glorieuse

℣ Omnia ossa mea dicent :

℟ Domine quis similis tibi ?

℣ Domine, exaudi…

℟ Et clamor meus…

Oremus.

Deus qui virtutem tuam in beatæ virginis Genovefæ reliquiis mirabilem ostendisti, quæsumus ut quos de ejus gloriosa tribuis commemoratione gaudere, facias ad beatam vitam ejusdem

mémoire puissent, par leurs prières et l'imitation de ses vertus, arriver à la vie bienheureuse.

Par Notre Seigneur...

℣ Seigneur, exaucez...
℟ Et que mes vœux...
℣ Bénissons le Seigneur.
℟ Rendons grâce à Dieu.

A SEXTE.

℣ O Dieu, venez à mon aide.

precibus et imitatione pro-
ficere.

Per Dominum...

℣ Domine, exaudi...
℟ Et clamor meus...
℣ Benedicamus Domino.
℟ Deo gratias.

AD SEXTAM.

℣ Deus, in adjutorium
meum intende.

℟ Seigneur, hâtez-vous de me secourir.

Gloire au Père.

Hymne.

Lorsqu'un ennemi cruel ravageait le territoire, les habitants ne tremblaient ni pour leurs richesses, ni pour leur ville, ni pour la demeure de leurs pères, ni pour leur propre vie.

Craignant pour vous seules, cendres sacrées, vous

℟ Domine, ad adjuvandum me festina.
Gloria Patri.

———

Hymnus.

Dirus dum miseræ regna Lu-
    tetiæ
Hostis diriperet, non opibus
    suis,
Non urbi, patriis non pene-
    tralibus,
    Civis non sibi palluit.

Vos sacri cineres, perfugium
    suum,

leur ressource, vous le gage de la protection divine, plus précieux que toutes les richesses, ils vous transportèrent dans un lieu sûr, à travers les rivages dévastés de la Seine.

Nous rendons à ce précieux dépôt de grands hommages, ô Dieu suprême ! mais de plus grands encore à vous, qui dans l'unité de votre nature et dans la trinité de vos personnes, régnez dans tous les siècles.

Ainsi soit-il.

Pignus divitiis vos pretio-
  sius,
Per vastata sui littora Se-
  quanæ,
  Tutis intulit arcibus.

Sacris pignoribus magna re-
  penditur
Laus, supreme Deus; sed tibi maxima
Qui, persona triplex, nu-
  men et unicum,
  Regnas secula per omnia.

℣ Le Seigneur garde tous les ossements des justes.

℟ Et il n'y en aura pas un de brisé.

℣ Seigneur, exaucez…

℟ Et que mes vœux…

Prions.

O Dieu! qui pour le soulagement de votre peuple avez accordé à votre servante Geneviève le don éclatant des miracles, faites que, reconnaissant et révérant

℣ Custodit Dominus omnia ossa justorum.

℟ Unum ex his non conteretur.

℣ Domine, exaudi...

℟ Et clamor meus...

Oremus.

Deus qui ancillam tuam Genovefam miraculorum gloria ad plebis tuæ præsidium decorare dignatus es, præsta ut, qui virtutem tuam in ipsius cineribus venera-

dans ses cendres votre vertu divine, nous méritions
d'obtenir, par son intercession, et les secours de la vie
présente et les récompenses
de la vie future.

Par Notre Seigneur…

℣ Seigneur, exaucez…
℟ Et que mes vœux…

℣ Bénissons le Seigneur.
℟ Rendons grâce à Dieu.

mur, ejus intercessione et necessaria hujus vitæ præsidia
et futuræ præmia consequi
mereamur.

Per Dominum...

℣ Domine, exaudi...
℟ Et clamor meus...

℣ Benedicamus Domino.
℟ Deo gratias.

A NONE.

℣ **O Dieu**, venez à mon aide.

℟ **Seigneur**, hâtez-vous de me secourir.

Gloire au Père.

Hymne.

Noble gardienne de la France, Geneviève, dont la main puissante protége la patrie dans ses dangers et maintient la paix et la pro-spérité parmi nous.

AD NONAM.

℣ Deus, in adjutorium meum intende.

℞ Domine, ad adjuvandum me festina.

Gloria Patri.

Hymnus.

Nobilis regni Genovefa cus-
tos,
Quæ laboranti patriæ potenti
Subvenis dextra, placidis-
que servas
Prospera Gallis;

Faites que cette ville, qui vous est consacrée par un culte spécial, jouisse d'une paix profonde, et que la France connaisse dans l'avenir comme dans le passé la puissance de votre bras.

Gloire à jamais à la Trinité sainte, qui vous enrichit à jamais de ses dons, ô Geneviève! et qui par vous verse avec profusion ses grâces sur notre patrie.

Ainsi soit-il.

Nunc tibi cultu proprio di-
 catam
Pace fac urbem placidâ po-
 tiri,
Et tuam posthac, velut
 ante, norit
   Gallia dextram.

Usquè sit trinæ decus uni-
 tati,
Cujus æternis opulenta do-
 nis
Tanta per nostras Genovefa
 terras
   Dona profundit.
      Amen.

℣ Le Seigneur accomplira la volonté de ceux qui le craignent.

℟ Il exaucera leurs prières et les sauvera.

℣ Seigneur, exaucez...

℟ Et que mes vœux...

—

Prions.

O Dieu, qui ne cessez de prodiguer vos merveilles par l'intercession de Geneviève, renouvelez en nous les miracles de votre grâce, afin

℣ Voluntatem timentium se faciet Dominus.

℟ Et deprecationem eorum exaudiet, et salvos faciet eos.

℣ Domine, exaudi...
℟ Et clamor meus...

Oremus.

Deus, qui te mirabilem in beata Genovefa ostendere non desinis, innova in nobis gratiæ tuæ miracula, ut, ipsius imitatione et inque, par ses prières et son imitation, nous devenions sincèrement humbles, et que, forts dans la foi, nous puissions résister à l'ennemi de notre salut.

Par Notre Seigneur...

℣ Seigneur, exaucez...
℞ Et que mes vœux...

℣ Bénissons le Seigneur.
℞ Rendons grâce à Dieu.

tercessione humiles, adver-
sario salutis nostræ fortes in
fide resistamus.

Per Christum...

℣ Domine, exaudi...
℟ Et clamor meus...

℣ Benedicamus Domino.
℟ Deo gratias.

A VÊPRES.

℣ **O Dieu, venez à mon aide.**

℟ **Seigneur, hâtez - vous de me secourir.**

Gloire au Père.

Hymne.

O vous que le Ciel, dans sa bonté, a donnée pour patronne à la France, et dont la tendre compassion adoucit les peines des malheureux,

AD VESPERAS.

℣ Deus, in adjutorium meum intende.

℟ Domine, ad adjuvandum me festina.

Gloria Patri...

Hymnus.

Patrona Franci nominis et
   decus,
Favente cœlo, quæ facili pias
Nutu laborantum querelas
Excipis, auxilioque mul-
   ces ;

Vous protégez par une assistance particulière cette capitale, dépositaire de vos saintes reliques, toutes les fois que, dans les jours de danger, elle réclame vos secours auprès du Tout-Puissant.

Gloire infinie au Père, gloire infinie au Fils, gloire infinie au Saint-Esprit, à vous qui relevez par d'éclatants prodiges le triom-

At hospitalem tu propior
caput
Florentis urbem protegis
imperî,
Utcumque te, tutela præ-
sens,
Rebus opem dubiis repo-
scit.

Laus summa Patri, summa-
que
Filio, sit, sancte, compar
laus tibi,
Spiritus, per quem trium-
phatrix

phe et la gloire de Gene-
viève.

Ainsi soit-il.

℣ Béni soit le Seigneur,

℟ Le Seigneur qui l'a
exaltée.

℣ Seigneur, exaucez...

℟ Et que mes vœux...

Prions.

O Dieu qui avez mani-
festé le mérite excellent de
la bienheureuse vierge Geneviève par un grand nom-

Refulget magnificis Geno-
vefa signis.
Amen.

℣ Benedictus Dominus,
℟ Qui exaltavit eam.

℣ Domine, exaudi...
℟ Et clamor meus...

Oremus.

Deus qui beatæ Genove-
fæ virginis excellentiam mul-
tiplici virtutum gloria decla-
rasti : concede nobis, quæsu-

bre de miracles, éteignez le feu des passions dans nos âmes en exauçant les prières de celle qui, par votre grâce, éteignit autrefois la contagion d'un feu dévorant dont les corps étaient consumés.

Ainsi soit-il.

℣ Seigneur, exaucez…
℟ Et que mes vœux…

℣ Bénissons le Seigneur.
℟ Rendons grâce à Dieu.

mus, ut ejus precibus a vitiorum æstu liberemur; quæ per gratiam tuam in membris humanis ignis horrendi extinxit incendium;

Per Christum...

Amen.

℣ Domine, exaudi...
℟ Et clamor meus...

℣ Benedicamus Domino.
℟ Deo gratias.

A COMPLIES.

℣ Convertissez-nous, ô Dieu ! qui êtes notre salut,

℟ Et détournez loin de nous votre colère.

℣ O Dieu, venez à mon aide.

℟ Seigneur, hâtez-vous de me secourir.

Gloire au Père.

———

AD COMPLETORIUM.

℣ Converte nos, Deus sa-
lutaris noster,

℟ Et averte iram tuam a
nobis.

℣ Deus, in adjutorium
meum intende.

℟ Domine, ad adjuvan-
dum me festina.

Gloria Patri.

Hymne.

Que toute la cité, pour acquitter un vœu solennel, s'empresse de célébrer ce jour de fête ; qu'elle publie hautement votre assistance tutélaire, ô Geneviève ! qui avez par trois fois sauvé ses habitants.

Oui, ô Geneviève, vous unissez vos supplications aux nôtres ; et le Dieu qui, in-exorable, repoussait impi-

Hymnus.

Omnis accurrat, rea facta
    voti,
Civitas festam celebrare lu-
    cem;
Terque servatos, Genovefa,
    dicat
        Auspice cives.

Tu preces supplex, Genove-
    fa, jungis;
Nescius flecti modo quam
    negabat,

toyablement nos prières, se laissera aussitôt toucher ; la mort sera mise en fuite, et le peuple délivré.

Dieu en trois personnes, que cette ville, sauvée par l'intercession de Geneviève, sa protectrice, vous paie un tribut de louanges, et, dans votre clémence, purifiez-nous de toutes les souillures de l'âme et du corps.

Ainsi soit-il.

℣ Le Seigneur est plein de miséricorde,

Illico reddet facilis, fugata
  Morte, salutem.

Te Deum trinum recreata
  laudet
Civitas, cujus Genovefa custos,
Corporis clemens animique
  fœdas
    Elue labes.

Amen.

℣ Apud Dominum mi-
sericordia.

℟ Et on trouve en lui une rédemption abondante.

℣ Seigneur, exaucez…

℟ Et que mes vœux…

Prions.

O Dieu qui, par l'intercession de sainte Geneviève, avez exaucé les cris de votre peuple et fait cesser la plaie dont vous l'aviez frappé, accordez-nous la guérison de nos âmes et de nos

℟ Et copiosa apud eum redemptio.

℣ Domine, exaudi...
℟ Et clamor meus...

Oremus.

Deus qui confugientis ad te populi plagam beatæ Genovefæ intercessione sanasti, præsta ut animorum corporumque medelam ejúsdem sanctæ virginis patrocinio sentiamus.

corps par la protection de cette vierge bienheureuse.

Par Notre Seigneur...

℣ Seigneur, exaucez...

℟ Et que mes vœux...

℣ Bénissons le Seigneur.

℟ Rendons grâce à Dieu.

℣ Que les âmes des fidèles défunts, par la miséricorde divine, reposent en paix.

℟ Ainsi soit-il.

———

Notre père...
Je vous salue, Marie...
Je crois en Dieu...

Per Christum...

℣ Domine, exaudi...

℟ Et clamor meus...

℣ Benedicamus Domino.

℟ Deo gratias.

℣ Et fidelium animæ per misericordiam Dei requiescant in pace.

℟ Amen.

———

Pater...
Ave...
Credo...

ANTIENNE A LA S^{TE}-VIERGE.

Nous avons recours à votre protection, sainte mère de Dieu ; ne méprisez pas les prières que nous vous adressons dans nos besoins, mais délivrez - nous de tous nos dangers, ô Vierge glorieuse et bénie.

℣ Priez pour nous, sainte mère de Dieu,

℟ Afin que nous devenions dignes des promesses de Jésus-Christ.

ANTIPHONA AD S^{AM} VIRGINEM.

Sub tuum præsidium confugimus, sancta Dei Genitrix; nostras deprecationes ne despicias in necessitatibus, sed a periculis cunctis libera nos semper, Virgo gloriosa et benedicta.

℣ Ora pro nobis, sancta Dei Genitrix,

℟ Ut digni efficiamur promissionibus Christi.

Prions.

Accordez-nous, Seigneur, les fruits précieux de la paix, et, par la protection de la bienheureuse Marie, toujours vierge, délivrez-nous de tous les ennemis et de tous les dangers.

Par Jésus-Christ, notre Seigneur.

Oremus.

Protege, Domine, famulos tuos subsidiis pacis, et beatæ Mariæ semper virginis patrociniis confidentes a cunctis hostibus et periculis redde securos.

Per Christum, Dominum nostrum.

POUR LA VILLE DE PARIS.

Ant. Que le Seigneur se souvienne de son alliance ; qu'il nous donne la paix, et qu'il ne nous abandonne pas dans les jours mauvais.

℣ Le Seigneur, notre Dieu, adressera des paroles de paix

℟ A son peuple.

———

Prions.

Daignez, Seigneur, par l'intercession de la bien-

PRO URBE LUTETIA.

Ant. Deus meminerit testamenti sui, et faciat pacem, nec deserat in tempore malo.

℣ Dominus Deus loquetur pacem

℟ In plebem suam.

Oremus.

Custodi, quæsumus, Domine, intercedente beata

heureuse Vierge Marie et de tous les saints, garder cette ville et ses habitants ; ne cessez point de les conduire et de veiller sur eux, afin qu'ils recoivent de votre miséricorde les secours nécessaires de cette vie mortelle, et qu'ils avancent continuellement vers la bienheureuse immortalité.

Par...

Virgine Maria, cum omnibus sanctis, civitatem istam, et habitatores ejus, ac perpetuo guberna moderamine; ut et necessaria percipiant mortalis vitæ solatia, et proficiant ad immortalitatis effectum;

Per...

POUR LES MEMBRES DE LA CONFRÉRIE.

Ant. Qu'il est bon et qu'il est doux pour les frères d'habiter ensemble; le Seigneur les comble de bénédictions.

℣ Jetez les yeux sur vos serviteurs et sur l'ouvrage de vos mains,

℟ Et que la splendeur de notre Dieu se répande sur nous

Prions.

O Dieu qui, par la grâce du Saint-Esprit, avez répandu

PRO SORORIBUS.

Ant. Ecce quam bonum et quam jucundum habitare fratres in unum; quoniam illic mandavit Dominus benedictionem.

℣ Respice in servos tuos et in opere tua,

℟ Et sit splendor Domini Dei nostri super nos.

———

Oremus.

Deus qui charitatis dona, per gratiam Sancti Spiritus,

dans les cœurs de vos fidèles les dons de la charité, donnez à nos sœurs le salut de l'âme et du corps ; faites qu'elles vous aiment de toutes leurs forces et qu'elles accomplissent avec amour vos commandements;

Par...

POUR LES ASSOCIÉES DÉFUNTES.

Ant. Donnez-leur, Seigneur, l'éternel repos, et faites luire sur elles votre lumière éternelle.

tuorum fidelium cordibus infudisti, da sororibus nostris salutem mentis et corporis, ut te tota virtute diligant, et quæ tibi placita sunt, totâ dilectione perficiant;

Per Dominum...

PRO SORORIBUS DEFUNCTIS.

Ant. Requiem æternam dona eis, Domine, et lux perpetua luceat eis.

Prions.

Seigneur infiniment bon, nous vous supplions d'avoir pitié de nos sœurs vos servantes ; après les avoir délivrées des liens de la mortalité, faites-les participer au salut éternel ;

Par Notre Seigneur...
Ainsi soit-il.

Qu'elles reposent en paix.
Ainsi soit-il.

Oremus.

Quæsumus, Domine, pro tua pietate miserere animabus famularum tuarum sororum nostrarum ; et a contagiis mortalitatis exutas, in æternæ salvationis partem restitue ;

Per Dominum...

Amen.

Requiescant in pace.

Amen.

PRIÈRE

*Qui se récite à la fin des réunions
de la Confrérie.*

Sainte Geneviève, patron-
ne de Paris et de la France,
nous venons renouveler à vos
pieds l'hommage de notre
vénération, de notre recon-
naissance et de notre con-
fiance. Nous venons vous
remercier de la protection
dont depuis tant de siècles
vous donnez des preuves si
éclatantes à Paris et à la

France; nous voulons, par la propagation et l'éclat de votre culte, réparer les outrages que vos reliques vénérées y ont soufferts et l'affaiblissement de votre souvenir dans les cœurs ; nous voulons appeler chaque jour, par votre intercession, les bénédictions de Dieu sur notre patrie et sur cette ville ; enfin, au nom de tous les cœurs chrétiens et français, nous confions de nouveau à votre bonté et plaçons sous votre sauvegarde les intérêts de la religion, de la société, de nos familles. N'oubliez jamais, dans nos bons comme dans nos mauvais jours, le nouveau lien qu'un acte solennel a formé entre vous et la France. Bénissez-nous, bénissez la France, bénissez nos familles, bénissez surtout cette Confrérie; obtenez-lui de pouvoir être la médiatrice entre vos bienfaits et les besoins de tous; obtenez-nous à tous la grâce de vous suivre dans la voie du Ciel, où vous avez marché avec tant de courage, et, un jour, de nous y trouver réunis avec vous et près de vous dans la gloire du Père, du Fils et du Saint-Esprit.

Ainsi soit-il.

APPROBATION

De Monseigneur l'Archevêque de Paris.

Marie-Dominique-Auguste SIBOUR, par la miséricorde divine et la grâce du Saint-Siége apostolique, archevêque de Paris,

Nous avons approuvé et approuvons par les présentes un livre intitulé : *Petit office de sainte Geneviève, patronne de Paris et de la France, à l'usage de la Confrérie des dames de Sainte-Geneviève,* et nous en recommandons l'usage aux personnes pour lesquelles il a été composé.

Donné à Paris, sous le seing de notre Vicaire général, le sceau de nos armes et le contre-seing du secrétaire de notre Archevêché, le treize avril mil huit cent cinquante-trois.

E. ÉGLÉE, *Vic. gén.*

Par mandement de Monseigneur,

ROUSSEAU, *Chan. honor., secrét.*

www.ingramcontent.com/pod-product-compliance
Ingram Content Group UK Ltd.
Pitfield, Milton Keynes, MK11 3LW, UK
UKHW022322070726
13614UKWH00002B/900